IARA KLIPEL DA SILVA
MARIA INÊS VASQUES AYRES BERNARDES

MARIA, SERVA, MÃE E MESTRA DA HUMANIDADE

COLEÇÃO ESCOLA DE MARIA
18

EDITORA
SANTUÁRIO

Dados Internacionais de Catalogação na Publicação (CIP) de acordo com ISBD

S624m Silva, Iara Klipel da

Maria, serva, mãe e mestra da humanidade / Iara Klipel da Silva, Maria Inês Vasques Ayres Bernardes. - Aparecida : Editora Santuário, 2023.
56 p. ; 14cm x 21cm.

ISBN: 978-65-5527-351-9

1. Religião. 2. Cristianismo. 3. Mariologia. I. Bernardes, Maria Inês Vasques Ayres. II. Título.

CDD 240
2023-2110 CDU 24

Elaborado por Odilio Hilario Moreira Junior - CRB-8/9949

Índice para catálogo sistemático:
1. Religião : Cristianismo 240
2. Religião : Cristianismo 24

1ª impressão

Rua Pe. Claro Monteiro, 342 – 12570-045 – Aparecida-SP
Tel.: 12 3104-2000 – Televendas: 0800 - 0 16 00 04
www.editorasantuario.com.br
vendas@editorasantuario.com.br

APRESENTAÇÃO

Atuando em uma parceria de sucesso, a Faculdade Dehoniana e a Academia Maria de Aparecida oferecem um curso de pós-graduação em Mariologia, com o propósito de produzir coletivamente uma publicação que contribua para os saberes sobre Maria de Nazaré, Mãe de Deus e nossa. Este número traz a presença das mulheres em duas reflexões importantes, que são frutos da dedicação aos estudos realizados no curso.

Na primeira reflexão, Maria Inês Bernardes mostra Maria como Mãe e Mestra da humanidade integrada e livre. Aquela que com suas palavras e atitudes aponta para um itinerário espiritual fecundo.

Na segunda reflexão, Iara Klipel da Silva apresenta Maria, Mulher pobre de Nazaré: Eis aqui a serva do Senhor (Lc 1,38). Mas o que há de diferente no servir de Maria? É o que as especialistas em mariologia nos ajudam a refletir.

Com estas páginas, esperamos contribuir e trocar experiências e saberes da Mariologia para o crescimento de todos, indicando perspectivas pastorais, a partir do horizonte mariológico.

Msc. Márcia Miné Geraldo
Coordenadora do Curso
de pós-graduação em Mariologia

I

MARIA, MÃE E MESTRA DA HUMANIDADE INTEGRADA E LIVRE

AS PALAVRAS DE MARIA APONTAM A UM ITINERÁRIO ESPIRITUAL

Maria Inês Vasques Ayres Bernardes

Introdução

O tema que propomos refletir é sobre o quanto Maria de Nazaré, além de Mãe, também se revela como mestra de uma humanidade que busca encontrar uma vida plenificada, livre e feliz.

Fomos criados por amor e para o amor, "porque Deus é Amor" (1Jo 4,8). Um Amor que quer nos elevar, potencializar-nos e tornar-se um conosco (cf. Jo 14,23). Deus "quis fazer as criaturas participarem de seu ser..."[1] Foi Ele quem "planejou e criou o mundo em Jesus Cristo", para que nós também participássemos dessa mesma comunidade divina de amor, que há entre o Pai com seu Filho Unigênito no Espírito Santo...[2] Mas, como nos diz o Catecismo da Igreja Católica: "O homem preferiu a si mesmo"... "menosprezou a Deus"... "Quis ser como Deus, mas sem Deus"...[3] Trazendo em si a fonte da vida, permitiu ser tocado pelo orgulho, pelo egoísmo, adentrando uma "terra árida", estéril, onde reinam a solidão e o desamor.

"Por isso o homem está dividido em si mesmo"[4], afirma o Compêndio do Vaticano II; no mais íntimo de seu ser, deseja amar, unir-se ao eterno e viver a plenitude da vida, mas ao colocar sua confiança, esperança e seu amor nas coisas que passam, cultua outros deuses... Volta-se para o desejo de possuir, de dominar, o que o fragmenta... Torna-se dominado, escravizado, mesquinho e incapaz de viver a dinâmica da partilha e do amor, pois somente um coração livre, desapegado, é capaz de amar.

Estamos a tratar de uma luta interior entre movimentos contrários: "O querer o bem está ao meu alcance – escreve São Paulo – não porém o praticá-lo. Com efeito, não faço o bem que quero, mas pratico o mal que não quero..." (cf. Rm 7,18-24).

Trata-se de uma questão importantíssima, pois envolve drásticas consequências do ponto de vista não só pessoal, mas também social e ambiental, pois na busca desenfreada pelo desejo de "ter", do "poder", do "prazer", o ser humano se perde de si mesmo, indo contra sua vocação primeira, que é o amor.

É triste constatarmos, no mundo contemporâneo, a imensa desigualdade econômica, o desrespeito ao semelhante, a corrupção, a violência e a degradação ambiental. Infelizmente, temos nos acostumados com esta realidade deprimente e com uma imagem desfigurada do ser humano; muitos são os que já perderam a esperança de que um dia, juntos, possamos construir um mundo melhor... Assim sendo, torna-se urgente e imprescindível resgatarmos nossa verdadeira identidade, bem como a consciência de que é possível seguirmos os passos de Jesus, e vivermos concretamente, de forma fraterna, equilibrada, em um mundo onde prevaleçam o amor e a paz.

Mais uma vez, nós nos defrontamos com a importância de aproximarmo-nos de Maria de Nazaré, uma mulher real, nascida em Israel, totalmente humana como nós, mas que amou o Amor sobre todas as coisas, revelando-se integrada e feliz. É de grande importância percebermos que, nela, podemos encontrar uma imagem puríssima do que desejamos e esperamos um dia ser.[5] Contemplando-a somos impulsionados para que, com a força da graça divina, possamos buscar nossa cura e a vida plena, que já nos foi doada por Jesus (cf. Jo 10,10). Naturalmente que, para tanto, será necessário percorrermos um itinerário espiritual, adentrarmos em um processo de cura, de libertação e de salvação.

Neste capítulo, pretendemos demonstrar que Maria de Nazaré, além de Mãe, de modelo a ser seguido, também está a nos revelar, em suas palavras, um caminho espiritual. Com esse intuito, refletiremos sobre o itinerário espiritual proposto pelos místicos do Carmelo, relacionando-o com as palavras da Virgem escritas nos evangelhos. Refletiremos o quanto suas palavras não são aleatórias, mas, de forma magistral, estão a nos apontar para o que de fato nos é essencial, indicando-nos quais são os passos necessários para que nos tornemos disponíveis à ação da graça de Deus em nós.

1. A integridade e liberdade interior de Maria de Nazaré

Como refletimos anteriormente, Deus nos criou livres para amar de forma perfeita, para vivermos repletos de paz, alegria, fraternidade e partilha (cf. Gl 5,22). É o que contemplamos na vida de Maria de Nazaré, a primeira e a mais perfeita discípula de Cristo[6].

São João Paulo II destaca que Maria é amada no Filho Amado, e que seu grande segredo é o de permanecer perfeitamente aberta a esse amor, a acolher o "dom do Alto".[7] A nós, também nos é oferecido esse mesmo amor, esse "dom do Alto"... Mas, será que temos tido consciência disso?

Jesus diz à Samaritana: "Se conhecesses o dom de Deus e quem é que te diz: 'Dá-me de beber', tu é que lhe pedirias e ele te daria água viva!" (cf. Jo 4,10).

A Bem-aventurada Virgem Maria conhece o dom de Deus, ama-o e deseja-o, por isso o que nela é gerado vem do Espírito Santo (cf. Mt 1,20). Ela ouve o "bater na porta" de Jesus (cf. Ap 3,20), mantém-se sempre aberta a cear e a se "alimentar" do Pão da Vida, do Pão do céu.

"Maria é a Virgem que sabe ouvir, que acolhe a Palavra com fé"[8],que ouve a voz do Senhor, porque carrega em si um profundo silêncio e liberdade interior. Nela, os apelos mundanos nunca sobrepujaram a voz de seu Amado, por isso declara com entusiasmo que deposita sua confiança em Deus, seu Salvador.

Dessa forma, ao acolher o Amor como seu Bem Supremo, como meta de vida, os demais desejos e movimentos interiores permaneceram ordenados, harmonizados. Por isso, em toda a sua vida, exalou paz, equilíbrio e amor, mesmo diante de grandes desafios, como quando deu seu "sim" ao Anjo, ciente do risco de que poderia ser rejeitada ou até mesmo apedrejada... Reagiu de forma extremamente madura, ao acolher com ternura o nascimento do Menino Deus, apesar de tantas portas que a eles foram fechadas... Foi obrigada a fugir de sua própria pátria... e quando o Menino completou doze anos, perdeu-o em Jerusalém, procurando-o durante três dias. Quantas vezes, a Mãe de Deus não compreendeu o mover dos acontecimentos, mas apenas silenciou e meditou tudo em seu coração (cf. Lc 1,51). É bem verdade que também compartilhou das alegrias do Filho Jesus, mas não foram poucas suas tristezas, rejeições e perseguições. Nunca houve alguém como Maria: totalmente humana, livre, forte, vencedora e repleta de Deus.

"Ouve, Israel: O Senhor nosso Deus é o único Senhor! Amarás o Senhor teu Deus com todo o teu coração, com toda a tua alma e com todas as tuas forças" (Dt 6,4-5).

Maria é obediente à Palavra, reconhece o senhorio de seu Deus. Nunca foi levada por impulsos egocêntricos, mantendo-se fiel à oração e ao serviço em favor do próximo. Nela, transparece que o amor a Deus, o amor aos irmãos e a toda a criação estão intimamente ligados.

A integridade interior da bem-aventurada Virgem Maria nunca foi rompida, fragmentada; nas mais diversas situações da vida, agiu sob o influxo do Espírito Santo, de forma desinstalada, sempre "em saída", atenta às diversas necessidades de seu próximo e em busca do bem comum. Isso se evidencia em seu *Fiat* incondicional (Lc 1,38), em seu sair "apressadamente" à casa de Isabel para servi-la (Lc 1,39-56) ou para interceder diante da falta de vinho nas Bodas de Caná (cf. Jo 2). Ela é aquela que sempre manteve o sorriso nos lábios, a exalar alegria (cf. Lc 1,47), acolhendo todos (os Reis Magos, os pobres pastores, a profetisa Ana, o velho Simeão), com um coração transbordante de amor. Fez-se mulher do povo e com o povo: apresentou o recém-nascido no templo (Lc 2,22-38), participou anualmente das caravanas a Jerusalém (Lc 1,41), fez-se presente na festa de um casamento (Jo 2,1-11), esteve unida à Igreja nascente em oração (At 1,12-14).

Textos importantíssimos, nos quais contemplamos com nitidez a postura da Mãe de Deus, que não só se faz presente, como percebe as necessidades mais urgentes e prementes, intercedendo, aconselhando e vendo o poder da graça acontecer. Maria ama, e quem ama não se acomoda, jamais é indiferente às necessidades do irmão. E, nesse espírito de comunhão, abraçou a cruz, com seu Filho Jesus... Os corações se mantiveram unidos... Eram duas pessoas, mas um só era o espírito (cf. 1Cor 6,17). Havia uma parceria "kenótica", típica de uma união mística de amor. Nossa Senhora vive tão fixada nesse Amor Supremo, que nunca se deteve na sua dor pessoal, jamais cultivou a autopiedade, mas acolheu, com liberdade e determinação, o maravilhoso e misterioso plano da salvação da humanidade. Sim, "Maria, ao longo de sua vida terrena, esteve a serviço do próximo, mesmo tendo de passar por grandes sofrimentos"[9].

2. O processo de integração e de libertação interior, a partir dos místicos do Carmelo

Acabamos de refletir sobre a integridade e liberdade interior da Virgem Maria, o que, para nós, refulge como modelo, exemplo, tipo, "na ordem da fé, da caridade e da perfeita união com Cristo"[10]. Sabemos que muitos de seus filhos, ainda nesta terra, também alcançaram uma profunda união mística de amor, demonstrando alegria, amor, força e integridade interior em suas ações concretas, mesmo ao serem expostos a situações extremamente difíceis... Assim ocorreu com Santa Edith Stein, por exemplo, uma importante filósofa alemã, de origem judaica, monja carmelita, que morreu aos 51 anos, no campo de concentração de Auschwitz-Birkenau, onde testemunhou o quanto se pode viver sustentada interiormente por Deus... Embora estivesse aprisionada pelos nazistas, manteve-se totalmente livre, a exalar paz, serenidade e amor.

Naturalmente que, tanto Santa Edith Stein quanto todos os homens e mulheres de fé, que demonstraram ao mundo grande maturidade interior, percorreram um caminho, passaram por um processo de libertação e de crescimento pessoal. E, como estamos a traçar um paralelo entre as palavras de Maria e esse nosso caminho espiritual, vamos focar em São João da Cruz[11], importante místico espanhol do século XVI, doutor da Igreja, reformador do Carmelo, juntamente com Santa Teresa de Jesus. Como excelente diretor espiritual, deixou-nos por escrito quatro grandes obras: "Subida do Monte Carmelo", "Noite Escura", "Cântico Espiritual" e "Chama Viva de Amor". A finalidade principal de Frei João foi tratar, de forma pedagógica, os principais pontos desse nosso caminho, rumo à união mística de amor com Deus. A fim de facilitar nossa reflexão, dividiremos tal itinerário em quatro momentos principais:

2.1. "Cair en la cuenta";

2.2. Desapegar-se do que é efêmero;

2.3. Esvaziar-se de si;

2.4. Dispor-se à união mística de amor.

2.1. "Cair en la cuenta"[12]

Desde o início do livro do Cântico Espiritual, o mestre João da Cruz ressalta a importância, para o sucesso dos caminhantes, que se "caia em conta" da verdade. Sem dúvida, este "cair em conta" seria o ponto de partida, pois, para que ocorra uma "busca", é preciso que se tenha consciência da meta. Lembra-nos a parábola do filho pródigo que, longe de "casa", desfigurado, caiu em si. O Evangelho narra: "E caindo em si, disse: Quantos empregados de meu pai têm pão com fartura e eu aqui morrendo de fome! Vou-me embora, procurar meu pai" (Lc 15,17-18). Observa-se uma determinação na busca, fruto da tomada de consciência de sua triste condição, em contraste com sua verdadeira filiação.

Para São João da Cruz, esse cair na conta de nossa altíssima dignidade, de nossa sublime vocação, bem como da transitoriedade da vida, da fragilidade das coisas do mundo[13] é de extrema importância. Vejamos uma de suas reflexões, retirada do livro "Cântico Espiritual": "Eia, pois, ó alma formosíssima entre todas as criaturas, que tanto desejas saber o lugar onde está teu Amado, a fim de o buscares e a ele te unires! Já te foi dito que és tu mesma o aposento onde ele mora"...[14]

Faço parte de um grupo que atende pessoas em sofrimento, e é nítido o impacto transformador, renovador, que vemos em cada um deles, quando passam a refletir sobre essa visão positiva antropológica. São muitos adultos, jovens e crianças que chegam até nós angustiados, desfigurados e, como "cegos", não conseguem enxergar seu verdadeiro valor, nem a importância de sua vida.

Santa Teresa de Jesus também evidencia, desde o primeiro capítulo de sua obra "Castelo Interior", a imensa dignidade e beleza da alma, e a importância de nos darmos conta disso: "Falo de considerar nossa alma como um castelo todo de diamante ou de cristal muito claro... A bem da verdade, irmãs, não é outra coisa a alma do justo senão um paraíso onde Ele disse ter suas delícias"...[15]

Infelizmente, em nossos atendimentos, são raríssimas as pessoas que são capazes de enxergar com clareza tais verdades... Como nos diz Santa Teresa: "Não é pequena lástima e confusão que, por nossa culpa, não nos entendamos a nós mesmos nem saibamos quem somos."[16]

Portanto, para que tenhamos a determinação necessária exigida para percorrer esse caminho, primeiramente é preciso "cair en la cuenta", tomar consciência de nossa altíssima vocação e experimentar o imenso Amor de Deus por nós, pois será na força desse amor supremo que conseguiremos dar os passos necessários nesse processo de libertação, em relação a tudo o que tem nos desordenado interiormente e nos afastado de Deus. Sim, esclarece São João da Cruz, "sendo, como é, a parte sensitiva do homem atraída e arrastada para as coisas sensíveis... se não estivesse a parte espiritual inflamada... seria a alma impotente para libertar-se do jugo da natureza".[17]

2.2. Desapegar-se do que é efêmero

No último parágrafo, lemos sobre a atração que as coisas sensíveis exercem sobre nós. É um aspecto fundamental a ser trabalhado nesse caminho, pois apreciar o que é bom não é um problema, mas na medida em que as coisas ou as pessoas passam a ser hipervalorizadas, entronizadas interiormente, tendemos a nos tornar dependentes e escravizados. Adentramos, sem perceber, um turbilhão de apegos desordenados... Sim, na medida em que vamos sendo seduzidos por falsos "deuses", emergem em nós inquietações, angústias, ansiedades, causadas tanto pelo desejo de "possuir" quanto pelo medo de "perder".

É de extrema importância tal problemática, a ponto de São João da Cruz tratar, muitas e repetidas vezes, desse assunto. Em seu livro "Subida do Monte Carmelo", por exemplo, declara: "enquanto houver apego a alguma coisa, por mínima que seja, é escusado poder progredir a alma na perfeição... Pouco importa estar o pássaro amarrado por um fio grosso ou fino... por frágil que seja, o pássaro estará sempre retido por ele enquanto não o quebrar para alçar voo. Assim sucede à alma cativa por afeição: jamais chegará à liberdade da união divina, por mais virtudes possua".[18]

Essa temática também é tratada com ênfase nas Sagradas Escrituras, pois as chamadas "idolatrias" seriam as responsáveis pelo fato de o "povo eleito" não conseguir ser fiel a seu Deus.

"Eu sou o Senhor teu Deus, que te tirou do Egito, da casa da escravidão. Não terás outros deuses além de mim" (Dt 5,6-7).

"Não ajunteis para vós tesouros na terra... – alerta-nos Jesus –, mas ajuntai para vós tesouro no céu... pois onde está teu tesouro aí estará também teu coração" (cf. Mt 6,19-21).

"Ninguém pode servir a dois senhores... Por isso vos digo: não vos preocupeis com vossa vida... Buscai, em primeiro lugar, seu Reino e sua justiça, e todas essas coisas vos serão acrescentadas" (cf. Mt 6,24-33).

"Eis por que o principal cuidado dos mestres na vida espiritual deve ser mortificar logo a seus discípulos em qualquer apetite – conclui Frei João –, ensinando-lhes a ficar na privação do que desejavam, a fim de os livrar de tanta miséria."[19]

"Marta, Marta, tu te inquietas e te agitas por muitas coisas – diz Jesus –, no entanto pouca coisa é necessária, até uma só. Maria, com efeito, escolheu a melhor parte, que não lhe será tirada" (Lc 10,41-42).

Uma só coisa nos é necessária...

2.3. Esvaziar-se de si, da soberba-momento kénótico

"É para a liberdade que Cristo nos libertou. Permanecei firmes, portanto, e não vos deixeis prender de novo ao jugo da escravidão" (Gl 5,1).

Chegamos a um terceiro momento desse caminho, o mais difícil e doloroso: o de reconhecermos que, embora sejamos templos do Espírito Santo (cf. 1Cor 6,19), somos extremamente frágeis, pequenos, falhos e necessitados de Deus (cf. Jo 15,5).

Como nos é desafiante caminhar na humildade, na verdade... Verdade, que será fruto de um profundo autoconhecimento. Porém, tendemos a nos contentar com um "conhecimento raso" de nós mesmos, a acreditar que já estamos "prontos"... Observemos essa questão tão bem descrita nos Evangelhos: os Apóstolos de Jesus tiveram um encontro profundo e verdadeiro com o Mestre, "caíram en la cuenta", conscientizaram-se da beleza do sentido da vida, da preciosidade de suas vocações... ministraram dons e carismas... Desapegados, largaram suas "redes" pelo Cristo, mas ainda estavam cheios de si próprios, brigando pelos primeiros lugares, intolerantes e inconstantes no amor... O próprio Jesus fala a Pedro sobre sua necessidade de passar por uma conversão mais profunda: "Simão, Simão... orei por ti para que tua fé não desfaleça. Quando, porém, *te converteres*, confirma teus irmãos". Disse ele: "Senhor, *estou pronto* a ir contigo à prisão e à morte" (Lc 22,31-34).

Esse é um grande problema: achamos que estamos já bem adiantados... Mas, nós sabemos o que aconteceu... Todos, exceto João, fugiram e Pedro o negou.

Pedro amava muito a Jesus, mas não reconhecia sua pequenez... seus medos... suas incapacidades... E foi exatamente no momento da Cruz, de uma noite escura, que todos eles puderam se defrontar com suas fragilidade e imperfeições. Pedro negou o Cristo e chorou amargamente...

Bonito que, em especial no Evangelho de Lucas, há um destaque para o olhar amoroso e misericordioso de Jesus a Pedro (Lc 22,61), porque Deus nunca espera de nós a grandeza que não temos, mas a humildade, a liberdade, de aceitarmos nossa pobreza. Somente "os pobres de espírito", verdadeiramente, tornam-se disponíveis à ação da graça de Deus...

Ciente disso, São João da Cruz também destaca a importância do autoconhecimento profundo. Em seu livro "Noite Escura", elabora preciosas reflexões relacionadas a um fecundo exame de consciência. O santo também reflete sobre os frutos preciosos do encontro com nossas verdades interiores mais profundas, muitas vezes assumidas pela via da "noite escura", onde o ser humano vai se percebendo "como, de si, nada faz e nada pode".[20] "A alma, nas securas e nos vazios dessa noite – esclarece o santo –, lucra humildade espiritual"...[21] Por conta disso, Santa Teresa também declara que "um dia de humilde autoconhecimento, mesmo à custa de muitos sofrimentos e aflições", é uma imensa graça de Deus.[22]

Santa Teresinha do Menino Jesus[23], doutora da ciência do amor, com profundidade e simplicidade também demonstra a beleza desse reconhecimento do "próprio nada", como via preciosa para nos lançarmos "como criança nos braços de Deus".[24] Em seu "Manuscrito C" escreve: "... O Todo-Poderoso fez grandes coisas na alma da filha de sua divina mãe e a maior é ter-lhe mostrado sua pequenez, sua impotência".[25]

Enfim, é importantíssimo para nós, adentrarmos nesse processo de um contínuo "esvaziamento de si". Sim, segundo Edith Stein, para nos unirmos a Deus e aos irmãos, o "caminho é o Cristo crucificado, a cuja crucifixão nos unimos".[26] Acrescenta ainda que "Cristo, ao anunciar sua paixão e morte de cruz, anuncia simultaneamente sua Ressurreição. Segundo a liturgia da Igreja, o caminho é este: "Per passionem et crucem ad ressurrectiones gloriam". "À medida que morre o homem carnal é que se dá a ressurreição do espiritual."[27] Portanto, estamos a tratar aqui da tomada de consciência do que em nós necessita ser "crucificado"... É o "homem velho" (cf. Rm 6,6), fragmentado, escravo do próprio orgulho que precisa morrer; mas é uma morte que gera vida nova, faz renascer uma pessoa renovada, integrada, mansa e humilde de coração, assumida e conduzida pelo puro Amor. Foi exatamente isso que ocorreu com os Apóstolos de Jesus, quando, na "noite escura" da via dolorosa, viram suas fraquezas expostas, reconheceram sua pequenez e, vazios de si, puderam acolher, de forma extraordinária, o Espírito Santo de Deus.

2.4. Dispor-se à união mística

Como acabamos de refletir, os discípulos de Jesus, após todo um processo de conversão, de "reconciliação com Deus" (cf. 2Cor 5,20), tornaram-se disponíveis, abertos à ação do Espírito Santo: "Tendo-se completado o dia de Pentecostes, estavam todos reunidos no mesmo lugar... Apareceram-lhes, então, línguas como de fogo, que se repartiam e que pousaram sobre cada um deles. E todos ficaram repletos do Espírito Santo" (cf. At 2,1-4).

A partir de então, "a multidão dos que haviam crido era um só coração e uma só alma. Ninguém considerava exclusivamente seu o que possuía, mas tudo entre eles era comum... Não havia entre eles necessitado algum" (cf. At 4,32-34).

"Para isto serve este matrimônio espiritual" – exorta Santa Teresa de Jesus –, "para fazer nascer obras, sempre obras!"[28] Sem dúvida, uma verdadeira união mística de amor traduzir-se-á em obras concretas de doação, de partilha, de caridade, pois, revestidos de Cristo, assumiremos todos como membros de uma mesma família, mais do que isso, membros de um mesmo Corpo, onde Cristo-Cabeça "plenifica tudo em tudo" (cf. Ef 1,22-23).

São João da Cruz também descreve esse estado de união mística de amor, no qual todos os nossos atos passam a ser movidos pelo próprio Espírito Santo. "A alma é divinizada – afirma o santo – e toda movida por

Deus"[29]. Ela já pode "apropriar-se bem das palavras de São Paulo: "Vivo, já não eu, mas é Cristo que vive em mim" (Gl 2,20).[30]

Da mesma forma, Santa Teresinha do Menino Jesus, igualmente percorreu esse caminho, a passos largos, por uma "pequena via", a acolher com amor sua própria pequenez... Assim sendo, tornou-se totalmente disponível à ação da Graça, adentrando em uma vida elevada, alimentada e sustentada pelo supremo Amor.

"Viver de Amor" – poetiza a santa –, "guardar dentro do peito Tesouro que se leva em vaso mortal. Meu Bem-Amado, minha fraqueza é extrema... Mas, se venho a cair cada hora que passa, em meu socorro vens, a todo instante me dás tua graça."...[31]

Finalizemos com o Papa Francisco: "Não tenhas medo da santidade. Não te tirarás forças, nem vida, nem alegria. Muito pelo contrário, porque chegarás a ser o que o Pai pensou quando te criou e serás fiel a teu próprio ser..."[32].

3. As Palavras de Maria, escritas nos Evangelhos, indicam um itinerário

A fim de fazermos nossa análise proposta, tomaremos aqui, de forma especial, o Evangelho de Lucas, com o intento de facilitar nossa compreensão. Assim, dividiremos pedagogicamente os textos marianos, nos mesmos quatro passos:

3.1. "Cair en la cuenta"

Logo no início do Evangelho de Lucas, deparamo-nos com o relato da Anunciação do Arcanjo Gabriel a respeito da encarnação do Verbo Divino. O Mensageiro anuncia a Maria que ela foi a escolhida para ser a Mãe do Salvador. "Entrando onde ela estava, disse-lhe: 'Alegra-te, cheia de graça, o Senhor está contigo!... Não temas, Maria! Encontraste graça junto de Deus. Eis que conceberás no teu seio e darás à luz um filho, e o chamarás com o nome de Jesus'" ... (cf. Lc 1,28-31).

A jovem Maria de Nazaré percebe-se incluída, compreende sua grande importância, por misericórdia divina, no sublime projeto de salvação da humanidade: "Feliz aquela que creu, pois o que lhe foi dito da parte do Senhor será cumprido" (Lc 1,45). Sim, Maria "se sente amada por Deus" – reflete o cardeal Raniero Cantalamessa – "e é este amor que a impele a dar-se a Deus com todo o seu ser".[33]

Contemplar tais conteúdos exorta-nos a, também nós, "cairmos na conta", a respeito do sentido maior de nossa vida, da grande importância de nosso chamado, de nossa missão (cf. Mt 25,14-30). Leva-nos a refletir que o Senhor também espera por nosso "sim", incluindo-nos e valorizando-nos, em seu plano salvífico de amor.

3.2. Desapegar-se do que é efêmero

No anúncio da Encarnação do Verbo, o Mensageiro divino proclama a grandeza e o reinado eterno daquele que está por vir. Maria assimila, mais uma vez, que a nada se compara a excelência do Amor... Em sua resposta ao Anjo, vemos sua postura: "Eu sou a serva do Senhor (não tem outros senhores), faça-se em mim segundo tua palavra!" (cf. Lc 1,38). Maria é livre, para ser toda de Deus. Abraça a vontade salvífica divina com "coração pleno" (cf. LG 8,56).

No cântico do *Magnificat*, a Virgem Mãe expressa, de forma clara, que não se deixa seduzir por falsos deuses; declara com simplicidade e total liberdade que sua esperança, seu apoio e seu amor estão depositados em Deus, seu Salvador. Exorta-nos a percebermos que a plenitude da vida não está no "ter", no "poder" ou no "prazer", mas no "permanecer em Deus", na busca do Amor, do bem comum: "Minha alma engrandece ao Senhor, e meu espírito exulta em Deus, meu Salvador" (cf. Lc 1,46-47).

Mostra-se ciente de que só há um único Deus, capaz de realizar grandes coisas em seu favor:

> "Porque olhou para a humilhação de sua serva.
> Sim! Doravante as gerações todas me chamarão de bem-aventurada,
> pois o Todo-Poderoso fez grandes coisas em meu favor" (cf. Lc 1,48-49).

Palavras que ecoam por séculos, a nos levar a refletir o que realmente nos é essencial...

3.3. Esvaziar-se de si, da soberba-momento "kénótico"

Ao retomarmos o *Magnificat*, lemos: "Seu nome é santo e sua misericórdia perdura de geração em geração para aqueles que o temem. Agiu com a força de seu braço, dispersou os homens de coração orgulhoso. Depôs poderosos de seus tronos, e a humildes exaltou" (cf. Lc 1,48-52).

É interessante observarmos como o cântico vai nos levando a contemplar a infinita misericórdia divina, para que, a partir desse amor, possamos reconhecer nossa pequenez e esvaziar-nos da soberba, de nosso coração orgulhoso...

Maria revela, com clareza, que jamais seria possível haver união entre Deus e um coração endurecido, a querer ser o "melhor", o "maior", explorar e oprimir os irmãos. Denuncia que o mover do Senhor é sempre libertador, a destronar os "poderosos de seus tronos" e aos humildes exaltar.

Maria sempre viveu no centro de sua humildade e, ao meditarmos sobre suas palavras, somos exortados a também olharmos para nós, sem reservas, a acolhermos sem medo nossa pequenez, nossas verdades; trata-se de uma verdade que liberta (cf. Jo 8,32), que nos esvazia da soberba, que nos conduz à humildade e a desejar com ardor agir sempre em conformidade com o Espírito de Deus.

Sem dúvida urge nos aproximarmos dessa "seguidora mais radical de Cristo" – declara o Documento de Aparecida – "de seu magistério discipular e missionário...

Maria Santíssima, a Virgem pura e sem mancha", que é, para nós, "escola de fé destinada a nos conduzir e a nos fortalecer no caminho que conduz ao encontro com o Criador do céu e da terra".[34]

3.4. Dispor-se à união mística

Chegamos aos últimos versículos do *Magnificat*: "Cumulou de bens a famintos e despediu ricos de mãos vazias. Socorreu Israel, seu servo, lembrado de sua misericórdia – conforme prometera a nossos pais –, em favor de Abraão e de sua descendência para sempre".

Sim, felizes os "pobres no espírito porque deles é o Reino dos Céus" (Mt 5,3). Felizes os que se reconhecem famintos de Deus e de sua justiça, porque serão saciados (cf. Mt 5,6), mas ai dos ricos, dos autossuficientes e egoístas (cf. Lc 6,24), pois, como acabamos de ler, serão despedidos com as mãos vazias.

Nesse último momento, fica em evidência a essencialidade da humildade que, unida à caridade, inflama o desejo de se pertencer totalmente a Deus. E "esse desejo de Deus" será a "disposição para unir-se com ele"[35] – escreve João da Cruz –, pois quem deseja, busca e encontra, pede e recebe (cf. Mt 7,7-8).

Santa Teresa de Jesus também destaca a caridade, o desapego e a humildade, para que se cresça na oração, na união com o Senhor.[36]

Interessante o *Magnificat* finalizar, fazendo memória da promessa feita a Abraão, aquele que, pela fé, saiu de sua terra, em busca da tão sonhada terra prometida. Desperta-nos, mais uma vez, para a necessidade primacial de estarmos sempre a caminho, um caminho de saída de nosso egocentrismo, de nossas escravidões, rumo à terra prometida, que é o próprio Deus, a comunhão com os irmãos, a harmonia com toda a criação.

Enfim, nestas reflexões, pudemos vislumbrar e identificar um verdadeiro itinerário espiritual, que emerge progressivamente nos diversos versículos marianos, oferecendo-nos um caminho certeiro para alcançarmos uma vida plena, integrada, livre e totalmente entregue a Deus.

Poderíamos ainda ressaltar aqui, como síntese de todo esse processo, o versículo 5 do segundo capítulo do Evangelho de João, em que nossa Virgem Mãe diz: "Fazei tudo o que ele vos disser" (Jo 2,5). É apenas uma frase, mas que pressupõe todo um caminho percorrido, de integração, de libertação, sobre o qual estamos aqui a refletir. A Virgem nos exorta a primeiro ouvir Jesus, para depois agir... Dois grandes desafios: silenciar para ouvir, abrir mão do próprio querer, desinstalar-se para, no mover do próprio Espírito Santo, fazer a vontade do Senhor.

3.5. O Silêncio de Maria

Mesmo tendo meditado a respeito das várias palavras que os evangelistas nos transmitem, ainda não esgotamos o tema do caminho espiritual de Maria de Nazaré, ela que é a Virgem da escuta, a nos revelar que, para podermos escutar Deus, que nos fala, e nossos irmãos, precisamos entrar em uma atitude de silêncio.

Frei Patrício Sciadini, OCD, sempre destaca em suas homilias que nos momentos mais importantes da vida da Virgem Maria e de Jesus a encontramos em silêncio. O anjo entra na habitação da Virgem Maria e ela "estava em silêncio" ... Toda resposta da Virgem é precedida por um silêncio de escuta de reflexão, de amor e de adoração. Como nos comove, na cena relatada por Lucas, no nascimento de Jesus, onde tudo é silêncio. Só os anjos cantam o glória a Deus e só eles falam. Tudo é silêncio. Um silêncio falante, uma voz do silêncio que manifesta os sentimentos mais profundos. Os pastores silenciam, José está em silêncio, Maria está no silêncio de adoração diante de seu Filho e Filho de Deus. Quando Maria vai buscar seu filho, porque se diz que estava louco, ela está em silêncio, aos pés da cruz está em silêncio.

É no silêncio que brotam a oração, a solidariedade, a caridade... A voz de Deus se escuta com o coração, e para ouvi-la precisamos mergulhar-nos no silêncio.

4. O itinerário espiritual e os dogmas Marianos

Façamos também, aqui, um paralelo entre o itinerário espiritual tratado e os dogmas mariais. É surpreendente! Vejamos:

4.1. O primeiro dogma proclamado: "Maria, Mãe de Deus"

Ao contemplarmos Maria, a Mãe de Deus, detectamos o desejo do Senhor de inserir o ser humano na economia da salvação. Ela, de forma singular, mas a sinalizar o quanto também nós somos amados, eleitos, únicos, a portar um potencial enorme a ser desenvolvido. Meditar com Maria, a Theotókos, ajuda-nos a **"cair en la cuenta"**.

4.2. O segundo dogma: Virgindade Perpétua de Maria

Em Maria, a sempre Virgem e Mãe, contemplamos a força do Espírito Santo, que manifesta um amor fecundo, a fazer maravilhas na Virgem fiel. É uma virgindade que transcende a biologia, apresentando a nobreza de se abster de "amantes", sem se deixar seduzir pelos falsos deuses.

Maria foi e será a sempre Virgem, aquela que acolheu Deus em seu coração e em seu ventre, convicta de que "uma só coisa" nos é necessária, e proclamando, com todo o seu ser, a quem sua alma engrandece e onde exulta de alegria seu coração. Revela-nos, com sabedoria divina, a importância de **"desapegar-nos do que é efêmero"**, na busca da total liberdade do ser.

4.3. O terceiro dogma: Imaculada Conceição

"Maria, Mãe de Deus e toda Santa, imune de toda mancha de pecado"[37], revela-se vazia de si, cheia de graça, Imaculada. Humilde, acolhe com alegria sua pequenez, sem jamais rejeitar Deus e seu querer...

Contemplar o dogma da Imaculada exorta-nos a desejarmos também, pela ação da graça, sermos livres de toda mancha, renunciar a nosso orgulho, nossa soberba e tornar-nos livres, integrados, "vazios de nós mesmos".

4.4. O último dogma proclamado: Assunção

Maria de Nazaré viveu unida à Trindade Santa, de uma forma única e especial. Nessa unidade, foi assumida em Deus, assunta em corpo e alma, reavivando, em nós, o desejo de sermos também assumidos, divinizados... Assumidos e assumir, com Ele, seu projeto de amor, de partilha e de doação.

Contemplar o dogma da Assunção é alimentar a busca do Eterno, fortalecer em nós o desejo de tornamo-nos totalmente "disponíveis à união mística".

Considerações finais

Diante de tudo o que pudemos relatar, tornou-se evidente a importância de aproximarmo-nos de Maria de Nazaré, nossa Virgem Mãe, a revelar-se também como Mestra de uma humanidade integrada e livre. Sim, pudemos constatar que ela, além de demonstrar perfeita integridade interior, ensina-nos, a partir de suas atitudes e palavras, um verdadeiro itinerário espiritual. Ficou claro que se trata de um processo de despojamento crescente, de retirada de tudo aquilo que nos desfigura e que age contrariamente ao mover integrador do Espírito de Deus.

Ao analisarmos os diversos textos marianos, neles pudemos verificar todo um itinerário espiritual a transmitir a mesma essência dos escritos de São João da Cruz, a mesma essência do anúncio salvífico de Jesus. Somos todos convidados a percorrer esses "passos", passos estes que o próprio Jesus, mesmo sendo Deus, percorreu para nos ensinar, para nos salvar. Ele que assumiu nossa condição humana, despojou-se (cf. Fl 2,6-9) e amou-nos até o fim (cf. Jo 13,1).

A caminhada é longa, árdua e dolorosa, pois "o homem deve lutar sempre para aderir ao bem" – alerta-nos o Vaticano II –, "não consegue alcançar a unidade interior senão com grandes labutas e o auxílio da graça de Deus".[38] Por isso Jesus dá-nos seu Espírito (cf. Jo 14,18), oferece-nos o auxílio dos santos sacramentos, em especial a Santa Eucaristia... Promete estar conosco todos os dias (cf. Mt 28,20), vivo, amar-nos e inserir-nos em sua própria essência, em seu Sagrado Coração, incluindo-nos em sua família celeste, ofertando-nos Maria por Mãe. Uma Mãe que intercede a todo momento, que, com o coração transbordante, abraça os inúmeros romeiros, devotos, que não poupam esforços para estarem na "Casa da Mãe", nos queridos Santuários Marianos. Nunca houve, nem haverá mulher mais influente, mais amada, mais preciosa do que a Virgem Maria de Nazaré. Suas atitudes e palavras nos vêm como "alimento saudável", como "leite materno", que favorece o crescimento e aumenta nossa "imunidade" na luta contra o mal... Certamente, não é por acaso o fato de serem poucas suas palavras nos Evangelhos, pois sintetizam, com maestria, o que de fato nos é essencial...

Como poetizou Santa Teresinha: "Maria, porque te amo... Tu me fazes sentir que não é impossível teus passos seguir, Rainha dos eleitos... Tuas frases de amor caíram como rosas, que iriam perfumar os séculos futuros. O Todo-Poderoso em ti fez maravilhas"...[39]

Conforme analisamos, cada palavra, gesto e atitude de Maria de Nazaré, quando contemplados, eleva-nos e auxilia-nos a percorrer os passos necessários, rumo à libertação integral de nosso ser. "Para o Papa Wojtyla, Maria é e permanece mestra de libertação integral. Isto é o que viemos apreender hoje d'ela"[40]...

São Paulo VI também afirma que, ao ser "dotada com a missão sublime e a dignidade de ser Mãe do Filho de Deus"[41], passou a ser nosso modelo, nossa estrela guia, nosso colo materno, nossa mãe espiritual. Ela é uma verdadeira mestra de vida espiritual para cada um dos cristãos; precisamos olhar para ela, a fim de que, de forma semelhante a sua, possamos fazer da própria vida um culto a Deus, e, de nosso culto um compromisso de vida.[42]

Maria Inês Vasques Ayres Bernardes
Carmelita Descalça Secular, casada, mãe de 4 filhos, avó de 2 netos. Graduada em Psicologia. Possui pós-graduação em Mariologia, pela Faculdade Dehoniana, em parceria com a Academia Marial de Aparecida. É membro da Academia Marial de Aparecida. Curso Superior de Santa Teresa de Jesus e de São João da Cruz, pela Universidad Mística: CITeS – Ávila, Espanha. Membro da Comissão de Espiritualidade da Província São José do Carmelo brasileiro, ministrando aulas promovidas pelo Carmelo Secular.

NOTAS

[1] Cf. CATECISMO DA IGREJA CATÓLICA, 2010, n. 295 (a partir daqui: CIC).
[2] Cf. CONSELHO EPISCOPAL LATINO-AMERICANO (CELAM), CONCLUSÕES DA CONFERÊNCIA DE PUEBLA, 2009, n. 182.
[3] Cf. CIC, 398.
[4] Cf. COMPÊNDIO DO VATICANO II, *Constituição Pastoral "Gaudium et Spes"*, n. 13.
[5] Cf. Mc 22.
[6] Cf. PAULO VI, *Exortação Apostólica, "Marialis Cultus"*, 2016, n. 35 (a partir daqui: MC).
[7] Cf. Rm 8.
[8] Cf. Mc 17.
[9] Cf. Pe. Alexandre Awi MELLO, *"Ela é minha mãe!"*, 2017, p. 104.
[10] Cf. Mc 16.
[11] São João da Cruz (1542-1591), frei Carmelita espanhol, doutor da Igreja, fundador da ala masculina do Carmelo Descalço, ao lado de Santa Teresa de Jesus (1515-1582) – Espanhola – Monja carmelita, reformadora do Carmelo Descalço, doutora da Igreja.
[12] Cf. JOÃO DA CRUZ, *Obras Completas*, "Cântico Espiritual", 1994, Anotação, p. 593 (a partir daqui: C).
[13] Cf. C, Anotação 1, p. 593.
[14] Cf. C 1, 7, p. 597.
[15] Cf. M 1, 1, 1, p. 441.
[16] Cf. M 1, 1, 2, p. 442
[17] Cf. 1 S 14, 2, p. 183.
[18] Cf. 1 S 11, 4, p. 173.
[19] Cf. 1 S 12, 6, p. 179.
[20] Cf. 1N 12, 2, p. 474.
[21] Cf. 1 N 12, 7, p. 477.

[22] Cf. TERESA DE JESUS, *Obras Completas, "Fundações"* (F 5, 16), 2009, p. 618.
[23] Santa Teresa do Menino Jesus e da Sagrada Face (1873-1897), Monja carmelita francesa, doutora da Igreja, autora de belíssimos escritos espirituais. Sua grande obra é conhecida como "História de uma alma".
[24] TERESA DO MENINO JESUS E DA SAGRADA FACE, *Obras Completas, "Cartas"* 226 – Para o Padre Roulland, 2015, p. 584.
[25] Cf. Idem, *"Manuscrito C"* 4v, p. 225.
[26] Cf. EDITH STEIN, *"A Ciência da Cruz"*, 2014, p. 62.
[27] Cf. EDITH STEIN, *"A Ciência da Cruz"*, 2014, p. 55.
[28] Cf. M 7, 4, 6, p. 583.
[29] Cf. Ch 1, 4, p. 830.
[30] Cf. Ch 2, 34, p. 870.
[31] Cf. TERESA DO MENINO JESUS E DA SAGRADA FACE, *Obras Completas, Poema "Viver de Amor"*, 2015, p. 707.
[32] Cf. FRANCISCO, Exortação Apostólica, "Gaudete et Exsultate", 2019, p. 22.
[33] Cf. Raniero CANTALAMESSA, *Maria, um espelho para a Igreja*, 2019, p. 46.
[34] Cf. DOCUMENTO DE APARECIDA, n. 270.
[35] Cf. Ch 3, 26, p. 887.
[36] Cf. C 4,4.
[37] Cf. LG 8, 56.
[38] Cf. COMPÊNDIO DO VATICANO II, *Constituição Pastoral "Gaudium et Spes"*, n. 37.
[39] Cf. TERESA DO MENINO JESUS E DA SAGRADA FACE, *Obras Completas, Poema "Porque eu te amo, Maria"*, 2015, p. 770.
[40] Cf. Clodovis M. BOFF, *Mariologia Social*, 2021, p. 92.
[41] Cf. LG 8, 53.
[42] Cf. MC 21.

BIBLIOGRAFIA

BENTO XVI, *Carta Encíclica "Deus Caritas Est", sobre o Amor cristão*. Brasília: CNBB, 2005.

BÍBLIA Sagrada. Bíblia Jerusalém. São Paulo: Paulus, 2017.

BOFF, Clodovis. *Mariologia Social. O significado da Virgem para a Sociedade*. São Paulo: Paulus, 2021.

CANTALAMESSA, Raniero. *Maria. Um espelho para a Igreja*. Aparecida: Santuário, 2019.

CATECISMO DA IGREJA CATÓLICA. São Paulo: Loyola, 2010.

COMPÊNDIO DO VATICANO II, *Constituições, decretos, declarações*. Petrópolis: Vozes, 30ª Edição.

CONSELHO EPISCOPAL LATINO-AMERICANO, *Conclusões da Conferência de Puebla, Evangelização no presente e no futuro da América Latina*. São Paulo: Paulinas, 1987.

DOCUMENTO DE APARECIDA, *texto conclusivo da V Conferência Geral do Episcopado Latino-Americano e do Caribe*. Brasília: CNBB, 2008.

FRANCISCO, *Exortação Apostólica "Evangelii Gaudium", sobre o anúncio do Evangelho no mundo atual*. Brasília: CNBB, 2013.

FRANCISCO, *Exortação Apostólica "Gaudete et Exsultate", sobre o chamado à santidade no mundo atual*. Brasília: CNBB, 2019.

JOÃO DA CRUZ. *Obras Completas*. São Paulo: Vozes, 1984.

JOÃO PAULO II, *Carta Encíclica "Redemptoris Mater", A mãe do Redentor*. São Paulo: Paulinas, 2019.

MELLO, Alexandre Awi. *"Ela é minha mãe!", Encontros do Papa Francisco com Maria*. São Paulo: Loyola, 2017.

PAULO VI, *"Marialis Cultus", para a reta ordenação e desenvolvimento do culto à bem-aventurada Virgem Maria*. Brasília: CNBB, 2016.

STEIN, Edith. *A Ciência da Cruz*. São Paulo: Loyola, 1988.

TERESA DE JESUS. *Obras Completas*. São Paulo: Loyola, 2009.

TERESA DO MENINO JESUS E DA SAGRADA FACE. *Obras Completas*. São Paulo: Loyola, 2015.

II
MARIA, A MULHER POBRE DE NAZARÉ, A SERVA DO SENHOR

Iara Klipel da Silva

Introdução

O que se anseia por meio deste texto é refletir, a partir da pessoa de Maria, o sentido da palavra servir. Como Igreja, todos são convidados a testemunhar Jesus Cristo em todos os momentos de sua existência.

Em Maria, esse testemunho assim acontece, na vida em comunidade, na sociedade, com seus familiares, amigos, vizinhos, enfim, com todos aqueles e aquelas em seu caminho colocados pelo Senhor. O sim de Maria concede ao mundo a salvação, o Salvador, e aquela que se entregou totalmente à pessoa e à obra de seu Filho, serviu Nele, por Ele, com Ele, para Ele, a todos que a cercavam.

Infelizmente na Igreja, inúmeras vezes, presencia-se um grande número de pessoas que ainda não compreenderam o sentido do serviço dentro da Igreja. Muitos querem se servir da Igreja, em vez de servi-la.

Desejam que a Igreja se molde a sua vontade, e não o contrário, se moldarem aos ensinamentos da Igreja. E quando se fala em Maria como modelo, a veem como alguém com superpoderes, inatingível, longe demais. Enxergá-la como um ser humano é algo distante e quase impossível. A humanidade de Maria assusta muitos.

Daí a importância deste estudo. Se faz necessário ver a moça simples e pobre de Nazaré como alguém que, em sua humanidade, soube ser aquilo que Deus quis, e perceber que, apesar das deficiências e imperfeições existentes em cada ser humano, seguindo seu exemplo, todos são capazes de, verdadeiramente, servir. Para isso é necessário se dispor, fazer renúncias, escolhas condizentes com a vida que o Senhor aponta como caminho para a Salvação.

"A Virgem Maria foi sempre proposta pela Igreja à imitação dos fiéis, [...] porque, nas condições concretas da sua vida, ela aderiu total e responsavelmente à vontade de Deus (cf. Lc 1,38); porque soube acolher sua palavra e pô-la em prática; porque sua ação foi animada pela caridade e pelo espírito de serviço; e porque, em suma, ela foi a primeira e a mais perfeita discípula de Cristo, o que, naturalmente, tem um valor exemplar universal e permanente."[1] Maria é exemplo a ser seguido!

1. A mulher pobre de Nazaré

Maria era uma mulher de família pobre e que, como tal, viveu toda a sua vida. Como a grande maioria, Maria passou despercebida aos olhos de muitos. Além de pobre, era mulher, e como tal fazia parte do grande grupo dos sem voz e sem vez.

"A mãe de Jesus viveu como vive a maioria do povo. Ela partilhou as humildes condições de vida de milhões e milhões de donas de casa. Do ponto de vista dos 'vencedores', ela parece uma mulher que pertenceu às multidões 'sem história', ao mundo dos que vivem e morrem na obscuridade e no anonimato. Em resumo, ela viveu 'sem pompa e circunstância'. Nesse sentido, Maria de Nazaré pertence para sempre ao universo dos pobres e excluídos deste mundo."[2]

"A relação de vida cotidiana (de Maria portanto) é com os pobres e excluídos de seu tempo. Os amigos de Maria são aqueles que nem amigos têm. Os relegados e desprezados. Maria também faz a evangélica opção preferencial pelos pobres. Era pobre aliada dos pobres. Era pobre e evangelizadora de pobres [...] Conta-nos Santo Antônio, em um de seus sermões sobre a Virgem, 'por ser pobre, Maria, depois de oferecer o Filho e para o resgatar, apresentou a oferenda dos pobres: um par de rolinhas ou duas pombinhas'. A oferenda de Maria foi, portanto, a dos pobres, por não ter posses para comprar um cordeiro. Tudo isso manifesta a pobreza do Senhor e de sua Mãe."[3]

Mesmo sendo a "cheia de graça", não foi poupada dos sofrimentos e das lidas do dia a dia e, como todas as mulheres, desempenhou inúmeros papéis. Foi neta, filha, esposa, mãe, vizinha, amiga, conselheira, leiga, intercessora. Como mãe de Jesus, ela o gerou, amou, educou, banhou, alimentou. Como uma boa dona de casa de sua época, cozinhava, lavava, fiava, tecia, plantava, colhia. Como judia, sempre se colocava na presença de Deus, por meio de suas orações, ia à Sinagoga, ouvia a Palavra, participava das alegrias e tristezas de sua comunidade. Enfim, Maria cumpria com zelo tudo o que lhe cabia. Maria é mulher e mulher pobre!

2. Eis aqui a serva do Senhor – o sim de Maria

Muitos se perguntam se Maria poderia ter dito não à proposta do Pai. A esta pergunta, basta lembrar de que "Deus criou o homem dotado de razão e lhe conferiu a dignidade de uma pessoa agraciada com a iniciativa e o domínio de seus atos. Deus deixou o homem nas mãos de sua própria decisão (cf. Eclo 15,14), para que pudesse ele mesmo procurar seu Criador e, aderindo livremente a Ele, chegar à plena e feliz perfeição"[4]. "O homem é dotado de razão e por isso é semelhante a Deus – foi criado livre e senhor de seus atos."[5] Então a resposta é sim. Maria poderia, por meio do livre-arbítrio, dizer não à proposta do Pai.

"Enriquecida, desde o primeiro instante de sua conceição, com os esplendores de uma santidade singular, a Virgem de Nazaré é saudada pelo Anjo, da parte de Deus, como "cheia de graça" (cf. Lc 1,28). Ela mesma responde ao mensageiro celeste: "Eis a serva do Senhor, faça-se em mim segundo tua palavra" (cf. Lc 1,38). Desse modo, Maria, filha de Adão, dando seu consentimento à palavra divina, tornou-se Mãe de Jesus e, não retida por qualquer pecado, abraçou de todo o coração o desígnio salvador de Deus, consagrou-se totalmente, como serva do Senhor, à pessoa e à obra de seu Filho, subordinada a Ele e com Ele, servindo pela graça de Deus onipotente o mistério da Redenção. Por isso consideram com razão os santos Padres que Maria não foi utilizada por Deus como instrumento meramente passivo, mas que cooperou livremente, por sua fé e obediência, na salvação dos homens"[6].

Tamanha é a coragem e a determinação dessa menina que, consciente das possíveis consequências de sua resposta, não hesita em aceitar a proposta que o Anjo lhe traz. Grande também é sua humildade pois poderia, muito facilmente, ter se enchido de orgulho por ser escolhida para ser a mãe do Messias, mas se cala e se põe a "caminho" para se doar. O sim de Maria não é simplesmente dito, mas é vivido cotidianamente. A cada novo amanhecer, renovava-se esse sim em suas orações e ações, olhares e reflexões, trabalhos e doações, renúncias e sofrimentos. "A maternidade de Maria é o mais antigo mistério concernente a sua pessoa e sua função na história da salvação. Sua maternidade está a serviço do desígnio histórico-salvífico que implica toda a humanidade. Por ela, Maria se põe a serviço de Deus e de seu projeto de autocomunicação com os seres humanos, a fim de que descubram a plenitude da realização que podem alcançar por meio de sua autoentrega a Deus."[7] Maria é serva!

3. Maria põe-se a caminho, apressadamente

Seu primeiro ato, como mãe de Jesus, foi colocar-se a serviço de sua prima Isabel, que, já idosa, esperava por João e ali permaneceu o tempo necessário e onde é necessária sua presença. Notem que Maria, além de não ser inconveniente, é uma pessoa atenta às necessidades dos que lhe rodeiam, e assim, quando vê alguém com algum problema, põe-se a servir da melhor maneira que lhe é possível. O mesmo vê-se nas bodas de Caná, que será refletida mais à frente. "A narrativa da visita de Maria a Isabel é uma catequese (ela quer nos ensinar qual é o caminho) sobre o discipulado de Jesus."[8]

Antes de sair "apressadamente", Maria escuta o Anjo. Vale ressaltar aqui a importância dessa escuta, pois escutar é muito mais que simplesmente ouvir. É estar atento ao que o outro diz, é mobilizar-se, se necessário for, colocar-se à disposição. Quem escuta o faz não só com os ouvidos, mas também com o coração. Maria escuta e isso produz nela uma reação, uma resposta que a põe a caminho.

"O anúncio de Maria de pôr-se a caminho, e pôr-se *cum festinatione* – com pressa –, rumo à casa de Isabel, provoca o anúncio que a proclama bendita entre as mulheres, por ser a mãe do Senhor. O encontro dessas duas mulheres dá início ao anúncio de um novo tempo, uma nova economia da graça salvadora. O sinal é este: as pessoas pobres e oprimidas são libertadas; assumem a dianteira da nova história, que começa com o encontro de Deus com a natureza humana na pessoa de Jesus; Jesus chega no meio do seu povo, por meio de uma mulher provinda desse mesmo povo."[9]

Interessante notar que Maria não duvida que sua parenta esteja grávida, assim como não duvida de nenhuma das palavras proferidas por Gabriel. O Arcanjo lhe anuncia e ela, por meio de sua fé, crê. Não há questionamentos que ponham em xeque sua fé. Apenas pergunta como acontecerá e não se acontecerá. Mesmo sendo do grupo dos marginalizados, é imensamente mais sábia e convicta de sua fé. O que não demonstra Zacarias, que era sacerdote do templo, ao receber o anúncio de que sua esposa Isabel geraria um filho.

Do encontro entre as duas primas gestantes, pode-se fazer várias leituras diferentes. Em uma delas, lê-se como encontro entre o Antigo e o Novo Testamento. Ao pular no ventre da mãe, João estaria confirmando que o Antigo Testamento, aqui representado por Isabel, é realizado no Novo, representado por Maria. Vale salientar que o fato de ser idosa e estéril era visto pela sociedade da época como uma maldição. Tanto Isabel como João estavam em situação de discriminação. Isabel pelos motivos já ditos e João por ser seu filho. Sendo ele gerado por uma pessoa na situação de sua mãe, era considerado fraco e rejeitado. Maria também fazia parte dos "amaldiçoados" de sua época, pois havia gerado um filho sem ter contraído casamento. Consciente disso, mesmo assim, Maria se doa, põe o outro em primeiro lugar, pois em seu coração ela sabe que Deus cumpre suas promessas. Dom Aldo Gerna – Bispo Emérito da Diocese de São Mateus, ES – ensina que, quando o Senhor chama alguém para alguma missão, não se deve ter medo, pois "Deus não nos chama para nos envergonhar". Maria tinha certeza disso.

Importante ressaltar mais uma vez que Maria põe-se no lugar do outro, vê as necessidades e busca solucionar. É uma servidora, evangelizadora, missionária e uma intercessora nata e, em seu dia a dia, sem querer ser reconhecida, verdadeiramente VIVE sua fé, sua vocação. Ela não espera as soluções "caírem do céu" ou serem entregues de "mão beijada". Sabe ela que Deus faz, querendo sempre a participação de seus filhos e suas filhas no processo. Então age, coloca a mão no arado. Maria é ação!

4. Maria discípula-missionária

"A máxima realização da existência cristã como um viver trinitário de 'filhos no Filho' nos é dada na Virgem Maria que, através de sua fé e obediência à vontade de Deus, assim como por sua constante meditação da Palavra e das ações de Jesus, é a discípula mais perfeita do Senhor. Interlocutora do Pai em seu projeto de enviar seu Verbo ao mundo para a salvação humana, com sua fé, Maria chega a ser o primeiro membro da comunidade dos crentes em Cristo e também se faz colaboradora no renascimento espiritual dos discípulos."[10]

Maria está sempre presente na vida de seu Filho e na vida de seus discípulos. Foi ela que acolheu Jesus em seu ventre o amando e educando, intercedeu pelos noivos na festa de Caná, firme estava aos pés da cruz e, em oração com os discípulos, viveu Pentecostes. Quantos acontecimentos Maria meditou em seu coração. Fatos que não podia explicar, mas cria, pois era desígnio de Deus. Como na anunciação, as perguntas não colocavam em dúvida o que Deus podia fazer, mas como faria. Quanto mais Maria meditava, mais amava o Altíssimo e mais tinha convicção de sua fé. Mesmo no sofrimento, a mulher pobre de Nazaré sabia, nada era por acaso, e, como afirma a Escritura, "todas as coisas concorrem para o bem daqueles que amam a Deus" (cf. Rm 8,28).

E como Maria o amava! Amava tanto que precisava deixar transbordar esse amor para que ele alcançasse todos pelo caminho. Assim, essa mulher viveu seu discipulado e sua missão, deixando exalar o perfume de seu Filho, fazendo com que Ele chegasse ao máximo de pessoas possível. E quantas almas foram salvas com o testemunho dessa mulher! Quantas almas continuam a ser salvas pelo discipulado missionário bem vivido de Maria.

No Evangelho do 23º Domingo do Tempo Comum – Ano C, Jesus diz: "Se alguém vem a mim, mas não se desapega de seu pai e sua mãe, sua mulher e seus filhos, seus irmãos e suas irmãs e até da sua própria vida, não pode ser meu discípulo. Quem não carrega sua cruz e não caminha atrás de mim, não pode ser meu discípulo" (cf. Lc 14,26-27). No Evangelho do 22º Domingo do Tempo Comum – Ano A, o Senhor diz: "Se alguém quer segui-lo, renuncie a si mesmo, tome sua cruz e o siga. [...] Porque o Filho do Homem virá na glória de seu Pai, com seus anjos, e então retribuirá a cada um de acordo com sua conduta" (cf. Mt 16,24.27). Desde o batismo, cada membro da Igreja, Corpo Místico de Jesus Cristo, é chamado a evangelizar, anunciando e testemunhando a Palavra do Senhor em todos os lugares e ocasiões: "Ide, pois, fazer discípulos entre todas as nações, e batizai-os em nome do Pai, do Filho e do Espírito Santo. Ensinai-lhes a observar tudo o que vos tenho ordenado. Eis que estou convosco todos os dias, até o fim dos tempos" (cf. Mt 28,19-20).

Jesus aponta, com os ensinamentos acima citados, o caminho para ser seu discípulo: pô-lo em primeiro lugar, tomar a cruz e seguir o Mestre. No alto do calvário, não será o discípulo a ser crucificado, mas o Mestre que com o discípulo caminha. Deus jamais abandona seus filhos e suas filhas, com Ele caminheiros e que como Ele querem se doar, derramar-se pela salvação da humanidade. Maria abraçou sua cruz, viveu e se doou por completo pela missão, pela salvação das almas. Maria é discípula!

5. Maria nas bodas de Caná

Nas bodas de Caná (cf. Jo 2,1-11), vê-se Maria servindo por meio da intercessão. Depois de fazer sua parte, desaparece para que Deus apareça. Mais uma vez, ela enxerga a necessidade do outro e age intercedendo a seu Filho.

"Maria se volta para os serventes: 'Façam tudo o que Ele vos disser' (cf. Jo 2,5). Essas palavras têm grande força simbólica. Essa força revela um traço novo da figura de Maria. Não só realiza a vontade de Deus em sua vida, mas também orienta os outros a fazerem o que Deus lhes pede. Há um deslocamento do foco e uma ampliação de sentido. Resume-se assim: de perfeita discípula e seguidora de Jesus (em Lucas) para a pedagoga e guia dos cristãos (em João)."[11]

Que bonito enxergar em Maria uma pessoa que não retém para si a alegria de experimentar Deus, mas que, ao contrário, quer que todos bebam do vinho novo e assim, com esse desejo ardente, ensina o caminho. Interessante notar também que, mesmo não tendo chegado sua hora, por meio da intercessão da mãe, Jesus age, e assim as bodas de Caná marcam o início dos sinais de Jesus. Isso leva a meditar sobre a importância da intercessão para toda a Igreja. Como membros de um mesmo corpo, a Igreja militante, triunfante e padecente, ajudam-se por meio da oração, da intercessão. Maria então ensina a todo o Corpo Místico de Cristo a cuidar uns dos outros, a orar uns pelos outros, a serem, verdadeiramente, irmãos e irmãs, em Cristo Jesus. Maria é intercessora que ensina a interceder!

6. Maria, uma leiga modelo para os cristãos leigos e leigas

"Para compreendermos em toda a sua grandeza e dignidade a natureza e missão dos cristãos leigos e leigas, podemos dirigir o nosso olhar a Maria. Nela encontramos a máxima realização da existência cristã. [...] Mulher livre, forte e discípula de Jesus, Maria foi verdadeiro sujeito na comunidade cristã."[12]

Já Pio XII dizia: "Os fiéis, e mais propriamente os leigos, encontram-se na linha mais avançada da vida da Igreja; para eles, a Igreja é o princípio vital da sociedade humana. Por isso, eles, e sobretudo eles, devem ter uma consciência, cada vez mais clara, *não só de pertencerem à Igreja, mas de ser a Igreja,* isto é, a comunidade dos fiéis sobre a terra sob a guia do Chefe comum, o Papa, e dos Bispos em comunhão com ele. Eles são a Igreja"[13].

O Catecismo da Igreja Católica ensina: "Porque, como todos os fiéis, são por Deus encarregados do apostolado, em virtude do Batismo e da Confirmação, os leigos têm o dever e gozam do direito, individualmente ou agrupados em associações, de trabalhar para que a mensagem divina da salvação seja conhecida e recebida por todos os homens e por toda a terra. Este dever é ainda mais urgente quando só por eles podem os homens receber o Evangelho e conhecer Cristo. Nas comunidades eclesiais, sua ação é tão necessária que, sem ela, o apostolado dos pastores não pode, a maior parte das vezes, alcançar pleno efeito"[14].

Maria foi a primeira discípula da Igreja de Cristo. Como Jesus, que não veio para ser servido, mas para servir (cf. Mc 10,45), ela viveu em plenitude sua identidade. Assim, todos os leigos e leigas também são chamados ao mesmo propósito. O Corpo Místico de Jesus, é importante salientar, não é formado apenas pelo Papa, padres, religiosos e religiosas, mas por todos os batizados. Dessa forma TODOS precisam assumir essa identidade e, a partir daí, fazer o que Cristo, cabeça dessa Igreja, ensina. Jesus é serviço, assim devem ser todos os homens e mulheres, inclusive leigos e leigas, membros da Santa Mãe Igreja. Vale salientar que o servir não se restringe à igreja templo, construção material. É necessário sair da comodidade das quatro paredes.

"Saiamos, saiamos para oferecer a todos a vida de Jesus Cristo! Repito aqui, para toda a Igreja, aquilo que muitas vezes disse aos sacerdotes e aos leigos de Buenos Aires: prefiro uma Igreja acidentada, ferida e enlameada, por ter saído pelas estradas, a uma Igreja enferma pelo fechamento e a comodidade de se agarrar às próprias seguranças. Não quero uma Igreja preocupada com ser o centro, e que acaba presa em um emaranhado de obsessões e procedimentos. Se alguma coisa nos deve santamente inquietar e preocupar nossa consciência é que haja tantos irmãos nossos que vivem sem a força, a luz e a consolação da amizade com Jesus Cristo, sem uma comunidade de fé que os acolha, sem um horizonte de sentido e de vida. Mais do que o temor de falhar, espero que nos mova o medo de nos encerrarmos nas estruturas que nos dão uma falsa proteção, nas normas que nos transformam em juízes implacáveis, nos hábitos em que nos sentimos tranquilos, enquanto lá fora há uma multidão faminta, e Jesus repete-nos sem cessar: 'Dai-lhes vós mesmos de comer' (cf. Mc 6,37)."[17]

Como dito anteriormente, a Igreja precisa sair das quatro paredes, compreendendo sua missão de alcançar todos e a todos levar Jesus e sua Palavra. Assim sendo, TODOS são convocados a viver o batismo diariamente, testemunhando a fé e anunciando a salvação aos homens e mulheres de seu tempo. A leiga Maria, ainda em sua época, já havia compreendido isso. Ao pôr-se a caminho, Maria ensina qual é o desejo de Deus para seu povo, e que muito mais importante que as palavras, é o testemunho. Maria é Igreja, e Igreja em saída!

7. Maria, modelo perfeito de santidade

Maria, entre toda a humanidade, em todas as épocas da história, é modelo perfeito de santidade a ser seguido. "Ela precede todos no caminho rumo à santidade. Em sua pessoa a Igreja já atingiu a perfeição."[16] "A Mãe de Deus já é a realização escatológica da Igreja: na Santíssima Virgem, ela já atingiu aquela perfeição sem mancha nem ruga que lhe é própria e, simultaneamente, que os fiéis ainda têm de envidar esforços para debelar o pecado e crescer na santidade; e, por isso, eles levantam os olhos para Maria, que brilha como modelo de virtudes sobre toda a comunidade dos eleitos."[17]

Maria é, para toda a Igreja, a concretização daquilo que o Pai sonhou para cada ser humano. A Virgem sem pecado, assunta ao céu de corpo e alma, é a realização daquilo que Deus sonhou para todos os seus filhos e todas as suas filhas. Se por Eva entra no mundo o pecado, por Maria é introduzida a salvação. A humanidade decaída pela desobediência de Eva é resgatada, redimida pela obediência de Maria. Ela, a Arca da Aliança, aquela que trouxe em seu ventre a Palavra que se fez carne, participa de forma singular da economia da salvação, servindo de forma única e, da mesma forma, amando.

"Ela viveu como ninguém as bem-aventuranças de Jesus. É aquela que estremecia de júbilo na presença de Deus, aquela que conservava tudo em seu coração e se deixou atravessar pela espada. É a mais abençoada dos santos entre os santos, aquela que nos mostra o caminho da santidade e nos acompanha. E, quando caímos, não aceita deixar-nos por terra e, às vezes, leva-nos em seus braços, sem nos julgar. Conversar com ela consola-nos, liberta-nos, santifica-nos. A Mãe não necessita de muitas palavras, não precisa que nos esforcemos demasiado para lhe explicar o que se passa conosco. É suficiente sussurrar uma vez e outra: 'Ave, Maria...'"[18] Maria é santa!

Conclusão

Maria é aquela que por excelência soube pôr Deus em primeiro lugar e, dessa forma, conseguiu cumprir sua missão fazendo em tudo a vontade do Senhor. A menina de Nazaré fez de sua vida um serviço a Deus. Ser toda Dele, eis sua maior riqueza. Ela não mediu esforços e, mesmo nos momentos mais difíceis, permaneceu fiel. Nem mesmo diante da cruz, vacilou, mas, em meio às lágrimas, serviu amando o Filho e acolhendo todos os filhos e filhas que lhe foram entregues por Ele. E no céu, Maria continua servindo, amando e intercedendo por toda a Igreja.

Mas o que há de diferente no servir de Maria? A forma como ela o faz. Não é por obrigação, por interesse, para aparecer, mas sim por amor. Um amor puro, que não deseja nada em troca, mas, unicamente, que a vontade do Senhor seja cumprida. Maria não é enganada por Deus e tendo ciência de que sua vida e missão não seriam fáceis, ela dá o melhor de si, sem reservas e a todo momento. Não são migalhas ou restos que ela oferece ao Senhor, mas o seu tudo. A menina judia é toda de Deus.

E o que é servir seguindo os passos de Maria, tendo-a como modelo? Como dito anteriormente, é servir com amor, amando e acolhendo todos, fazendo a coisa certa pela razão certa. É não ser indiferente em relação ao irmão. É entender que não se está sozinho neste mundo e que a vida não acaba após a morte. É desejar e oferecer ao outro a experiência da alegria de conhecer, amar e servir a Deus. É lutar para que o outro também chegue ao céu. É não medir esforços para ajudar o próximo, seja ele quem for. É testemunhar no dia a dia a existência de Deus, sua Palavra e todos os seus ensinamentos. É ser todo Dele, desejando unicamente que sua vontade seja feita. É servir com júbilo, independentemente das circunstâncias. Servir como Maria é viver, dia após dia, buscando, em sua realidade, a santidade, desejando a mesma santidade a toda a humanidade.

Muitos hão de afirmar que Maria assim o fez por ser a "cheia de graça", a "concebida sem pecado original". Isso a ajudou em seu sim, mas como já foi tido, ela também possuía o livre-arbítrio e poderia ter dito não. Uma prova de que todos podem seguir seus passos são os numerosos santos e santas de Deus, que, como a Mãe, livremente abraçaram a fé e se comprometeram com Cristo e sua Igreja, mesmo não sendo agraciados com as mesmas graças que o Senhor derramou sobre Maria. Foi possível para eles e é possível a todo homem e mulher de boa vontade. Maria é inspiração!

Iara Klipel da Silva

Bacharel em Teologia pela Universidade Católica Dom Bosco. Licenciada em Música, pela Universidade Metropolitana de Santos. Especialista em Artes Visuais. Especialista em Mariologia, pela Faculdade Dehoniana, em parceria com a Academia Marial de Aparecida. Membra da Academia Marial. Leiga, esposa, mãe e professora.

NOTAS

[1] Cf. PAULO VI, *Exortação Apostólica "Marialis Cultus"*, 1997, n. 35 (a partir daqui: MC).

[2] Cf. Clodovis Boff, *O Cotidiano de Maria de Nazaré*, 2014, p. 5.

[3] Cf. Valdivino GUIMARÃES, *Maria Trono de Sabedoria*, 2015, p. 41.

[4] Cf. João PAULO II, *Catecismo da Igreja Católica*, 2011, n. 1730 (a partir daqui: CIC).

[5] Cf. Ireneu de LIÃO, *Contra as Heresias*, 1995, n. 4,3.

[6] Cf. CONCÍLIO ECUMÊNICO VATICANO II, *Constituição Dogmática "Lumen Gentium" sobre a Igreja*, n. 56.

[7] Cf. Clara TEMPORELLI, *Maria mulher de Deus e dos Pobres*, 2010. p. 23.

[8] Cf. Maria Antônia MARQUES, *Segunda Semana Bíblico-Mariológica*, 2022, 1ª Palestra.

[9] Cf. Lina BOFF, *A Figura da Virgem Maria nas Conferências Gerais do Episcopado da América Latina e Caribe*, 2022, p. 32.

[10] Cf. TEXTO CONCLUSIVO DA V CONFERÊNCIA GERAL DO EPISCOPADO LATINO-AMERICANO E DO CARIBE, *Documento de Aparecida*, 2007, n. 266.

[11] Cf. Afonso MURAD, *Toda de Deus e tão humana*, 2012, p. 93.

[12] DOCUMENTOS DA CNBB, 105 – *Cristãos Leigos e Leigas na Igreja e na Sociedade*, 2016, n. 113.

[13] Cf. JOÃO PAULO II, *Exortação Apostólica Pós-Sinodal "Christifideles Laici"*, 1988, n. 9.

[14] Cf. JOÃO PAULO II, *CIC*, 2011, n. 900.

[15] Cf. FRANCISCO, *Exortação Apostólica "Evangelii Gaudium"*, 2013, n. 49.

[16] DOCUMENTOS DA CNBB, 105 – *Cristãos Leigos e Leigas na Igreja e na Sociedade*, 2016, n. 114.

[17] Cf. JOÃO PAULO II, *Carta Encíclica "Redemptoris Mater"*, 1987, n. 6.

[18] Cf. FRANCISCO, *Exortação Apostólica "Gaudete et Exsultate"*, 2018, n. 176.

REFERÊNCIAS

BÍBLIA, *O Peregrino*.

BÍBLIA, Ave Maria.

BÍBLIA, De Jerusalém.

BOFF, Clodovis. *O Cotidiano de Maria de Nazaré*. São Paulo: Salesiana, 2009.

_______, Clodovis. *Dogmas Marianos*. São Paulo: Ave Maria, 2010.

MURAD, Afonso. *Maria toda de Deus e tão humana*, Compêndio de Mariologia. São Paulo: Paulinas, 2012.

TEMPORELLI, Clara. Maria mulher de Deus e dos pobres. São Paulo: Paulus.

GUIMARÃES, Valdivino. Maria trono de sabedoria. Aparecida: Santuário, 2015.

LIÃO, Ireneu. Contra as heresias. São Paulo – Paulus, 1995.

BOFF, Lina. A figura da Virgem Maria nas conferências gerais do episcopado da América Latina e Caribe. Aparecida – Santuário, 2022.

MARQUES, Maria Antônia. Segunda semana bíblico-mariológica, Aparecida, 9 de agosto de 2022. Disponível em: https://www.youtube.com/watch?v=5lMKlKFi64I&t=2764s. Acesso em: 9 de agosto de 2022.

Dicionário de Mariologia. São Paulo: Paulus, 2019.

Catecismo da Igreja Católica, 2ª ed. Vaticano: Libreria Editrice Vaticana, 2011.

VATICANO II, Concílio. *Lumen gentium,* Constituição Dogmática.

PAULO VI, *Marialis Cultus,* Exortação Apostólica.

JOÃO PAULO II, *Redemptoris Mater,* Carta Encíclica, 1987.

JOÃO PAULO II, *Christifideles Laici,* Exortação Apostólica Pós-Sinodal, 1988.

FRANCISCO, *Evangelii Gaudium,* Exortação Apostólica, 2013.

FRANCISCO, *Gaudete et Exsultate,* Exortação Apostólica, 2018.

Documento de Aparecida, *Texto Conclusivo da V Conferência Geral do Episcopado Latino-Americano e do Caribe.* São Paulo: Paulus, 2007.

Documentos da CNBB. *Cristãos leigos e leigas na Igreja e na sociedade,* 2016.

ÍNDICE